AF362715

CAPITVLAIRE

AVQVEL EST TRAITÉ
QV'VN HOMME NAY
SANS TESTICVLES APPA-
rens, & qui ha neantmoins toutes les
autres marques de virilité : est capable des œuures du Mariage.

PAR

SEBASTIAN ROVLLIARD
de Melun, Aduocat en Parlement.

A PARIS,
Chez CLAVDE MOREL ruë S. Iacques,
à l'enseigne de la Fontaine.
1600.

CAPITVLAIRE
OV

Recueil des principaux chefs du procés d'entre le S. B. D. &c. appellant de Messieurs les deleguez de la P. D. L.

Et Dame M. D. L. C. sa femme, pour-suiuant la dissolution de leur mariage, intimée.

I le Philosophe Socrates, & apres luy par interualle de temps Antonius Iulianus celebre orateur Romain, ayans à discourir sur le subiet des mysteres d'amour, au parauant se voilerent la face, pour demonstrer la honte secrette qui nous saisit, quand il est que-

A ij

ſtion de deſcouurir la pudeur de nature.

L'appellant iſſu d'vne illuſtre maiſon, & comme nourri aux bonnes mœurs, craignant d'offenſer ſur vn traicté peu chaſte vos plus chaſtes oreilles, deſireroit volontiers de pouuoir pratiquer ce trait en voſtre endroit *vel damno cauſæ potius quam verecundiæ,* comme diſoit Seneque: N'eſtoit que ſa femme oubliant tout le reſpect à luy deu, & reiettant arriere ce qui doit touſiours luire ſur le front de ſon ſexe, le force & contraint, à leur honte commune, de reueler ce vergongneux ſecret de mariage, *quod recte factum ſic appetit ſciri vt tamen erubeſcat videri.*

Pour ceſte cauſe il vous ſupplie de cõſiderer auãt toute œuure l'importãce de la charge qui vous eſt cõmiſe par le S. ſiege Apoſtolique, en la place duquel vous auez à iuger, afin que ſelon l'aduis du Sage *fidelis veſtra legatio partibus ægris ſanitas ſit,* & qu'il ne ſe preſente occaſion de dire comme autresfois par vn vieil Romain *nihil ex fide aut induſtriè agi poſſe, niſi ſub oculis ipſius Pontificis.*

En ſecond lieu de vous ſerieuſement repreſenter quelle peut eſtre la conſe-

quence de la rupture de ce grand & my-
stique Sacrement de l'Eglise que Dieu a
daigné instituer dans le Paradis terrestre
& en l'estat d'innocence, au lieu que tous
les autres n'ont esté ordōnez qu'à la suite
du crime de nos premiers peres, & apres
leur peché: Et encores quand il s'agit de
le dissouldre à l'appetit de ce miserable
sexe, qui trāsporté de vaines ialousies ne
se bande iamais que cōtre son bon-heur,
bref auquel on ne peut de si court indul-
ger

Quin vaga prosiliat frænis natura remotis.

En l'ānnée 1595. fut traité & celebré
le mariage des parties, soubs tels auspices
que le plus fauorable Thalassion pourroit desirer. Voires que si la liberté Fescé-
nine permet de parler honnestement de
la consommation d'iceluy, la nuict estant
venue

Hic nuptam petit illa virum, coiere reducta
Corpora, certa vterum pariter sulcauit arundo,
Et pariter fixis hæserunt tela medullis.

Tellement que soit par gaillardise nu-
ptiale ou curiosité venant d'ailleurs-*quid*
non Venus anxia curat? quelques dames pro-
ches parentes de l'espousee auroient eu la

veuë du linceul tefmoin du congrez ab-
folu, dont eft faicte mention au 22. du
Deuteron.

Ainfi fe paffent deux annees ou enuiron que lefdites parties ayans vefcu en
bonne paix & vnion, fe rendans mutuel-
fement l'vn à l'autre la debte coniugale:

Sacra thori coitúfq; nouos thalamófq; recētes,
Primáque dilecti repetentes fœdera lecti.

en fin comme l'efprit de la femme, pour
fon imbecilité fe rend aifément fufcepti-
ble d'impreffions finiftres, feroit aduenu
que ladite intimee auroit pris vne ima-
ginatiō friuole qui eftoit à craindre pour
elle, *ne iura iugalia coniux non bene feruaffet.*

Et fur cefte deffiance ou ialoufie n'auroit fait confciéce de prendre l'effor chez
fes parēs, qui au lieu de la renuoyer à fon
mary, auquel par la loy diuine elle deuoit
adherer, comme ayant efté faite la chair
de fa chair, & les os de fes os, au contraire
l'auroient iniuftement retenuë & ftimu-
lee à cefte pourfuite de diffolutiō du mariage de fon efpoux & d'elle, fondee fur
la pretenduc impuiffance d'iceluy, & autres faits purs fabuleux, qu'il luy euft efté
plus honnefte de taire, *quam protinus vrbi-*

Pandere res alta ſyluâ & caligine merſas.

Toutesfois le malheur auroit voulu
pour ledit ſieur appellant, que comme la
corruption du ſiecle a donné le cours libre à telles procedures *dedit hanc contagio
labem, & dabit in plures*, au lieu qu'en dou-
ze cens ans que la pudeur auroit poſſedé
l'ame , & couuert le viſage des matrones
de France, à peine ſe ſeroit-il autant meu
de procés en telles matieres qu'ils ſont
auiourd'huy frequens & iournaliers.

Ainſi au lieu d'admoneſter de prim' a-
bord, tant par l'Official de Sens, premier
iuge, que Meſſieurs les deleguez de la pri-
mace de Lion, & ſemondre la femme dudit appellant de ce qui eſtoit de ſon deuoir, de ſon honneur , & du reſpect de ſa
qualité, ils luy auroient, pour le port &
faueur trouué en leur endroit, preſté l'o-
reille ſi propice, & tellement rebuté l'appellant ſon mary, qu'il ſe peut dire auoir
ouy le coup de tonnerre apres la veuë de
l'eſclair, qui ſe donne deuant, c'eſt à dire,
auoir ſouffert condemnation auant la
preuue, bien qu'elle ſuiue apres par l'ordre de iuſtice.

Ce qui luy baille ſubiect de vous ſupplier en ce dernier conflict, *vbi res ad tria-rios rediit*, & la cause est reduicte à son dernier ressort, de vouloir aussi meurement deliberer sur icelle, comme le iugement en a esté precipité tant par le premier que seconds iuges, afin que la verité estant pleinement descouuerte, ne l'vne ne l'autre des parties ne puisse ou doiue auoir regret à quelque euenement qui en puisse arriuer.

Combien que ledit appellant soustienne que tout ce qui est de droict milite de son costé, & qu'il ne se trouuera par le procés cause quelconque apparente ou valable, pour laquelle son mariage auec ladite inthimee ait deu estre declaré nul, puis que toutes les solemnitez, tant de la police ciuille que du Sacrement de l'Eglise y ont esté entierement gardees. Et que quant à sa pretendue impuissance, dont sadite femme luy fait impropere, plustost à la honte d'elle qu'au detriment de la vraye verité, c'est vn faux pretexte que quelques mauuaises langues luy ont chaussé en teste, pour tascher à les mettre en diuorce : Ces mauuaises langues desquelles l'Ecclesiastique dit auec abomination

nation *cap.* 20. *Illas difperfiffe domos de gente in gentem, ciuitates muratas deftruxiffe, & domos magnatum effodiffe.*

Car premierement fa virilité fe iuftifie par l'afpect de l'habitude de fon corps, qui eft le plus fort argument que Platon en fes Loix & noz Iurifconfultes anciens euffent en vfage auant Iuftinian, pour la recognoiffance de la puberté ou virilité des perfonnes. *Plato lib.* 11. *de legib. Vlpian. in fragm. tit.* 11. *Iuftin. §. 1. inftit. quibus modis tutela finitur.*

Habitude du corps manifefte pour fa virité en ce qu'il porte barbe, par la force & efpaiffeur de laquelle, comme certains Philofophes du paffé *iufsi fapientem pafcere barbam* fouloient tefmoigner leur mafle & courageufe aufterité, auffi les Eunuques & chaftrez n'auroient efté en reputation de gent effeminee, finon pour la raifon de Iuuenal, *quod illis genæ molles & defperatio barbæ.*

Ioint que ledit fieur appellant fe defcouure auoir vne voix mafle, forte, & telle que plufieurs des plus robuftes & de condition plus virile n'ont pas communément. De forte que fi vn ancien poëte

Latin asseuroit pour marque de virilité,
cui vox gallulascit & ramum roborascere, l'appellant se peut iustemét preualoir de ceste presomptió: adioustees ces autres circonstáces de l'habitude de son corps, que les Poëtes n'attribuent qu'aux plus masles & plus vigoureux, *queis duris horrent densissima setis corpora , & axillas vt lucus inumbrant*, mais sur tout, & qui ne se peut dire qu'auec preface d'honneur.

Quibus in indomito constătior inguine neruus.
Quam noua collibus arbor inhæret.

Aussi met-il en faict pour second lieu, qu'estant de ceste habitude de corps il a consommé son mariage auec ladite inthimee *& Zonam soluit diu ligatam* : Non par les moyens ridicules qu'elle suppose, mais par l'effort naturel de son sexe, & comme parle Homere

ἣ θέμις ἀνθρώπων πέλει ἀνδρῶν ἠδὲ γυναικῶν
Πώπι τε δ' εὐνῆς ἐπιβήμεναι ἠδὲ μιγῆναι.

Qu'ainsi ne soit, ladite Dame inthimée ayant subi interrogatoire sur ce faict par deuant l'Official de Sens , ores que de prim'abord elle l'ait voulu opiniatrement desnier : Toutesfois pressee en fin de la force de verité *prodente dixit conscien-*

tia feci, hors-mis qu'elle auroit tasché d'y apporter du desguisement, & vouloir faire accroire , *idem digitum quod caudam posse salacem.*

Et toutesfois, d'autant qui la visite ordinaire en tel cas pouuoit leuer tout ce doute, & que pour ceste cause ledit sieur appellant l'auroit instamment requise, iamais par la resistence de sa femme il n'auroit sçeu y paruenir, bien que l'on ne deust faire plus de difficulté de luy reueler sa pudeur, qu'elle auoit eu de hardiesse (pour ne rien dire de pis) à reueler celle de son mari. Car c'est vne talion d'equité reciproque, & comme dit Phocylide

ὅττι πάθῃ τὸ κ' ἔρεξε δίκη τ' ἰθεῖα γένοιτο.

Adiousté, que pour comble de toute preuue & la plus frequente qui se puisse pratiquer à ceste occurrence, ledit Sieur appellant se seroit offert au cógrez, pour demonstrer à l'espreuue qu'il auoit l'arrection, intromission & eiaculation à luy controuersees, & partant que toutes ces circonstances concurrentes , n'y auoit lieu de dissoudre son mariage du chef de sa pretendue impuissance

B ij

----- nondum tibi bella videtur

Hoc satis, exspectas nunquid & vt parias?

Ne faisant rien au contraire, ce que ladite Dame inthimee auroit posé pour pretendu fondemét de sa cause, que puis que ledit Sieur appellát auroit recogneu & demeure encores d'accord, n'auoir aucuns testicules ou dajntiers apparents exterieurement dans le Scrotum leur siege ou bource ordinaire : Telles preuues eussent esté & seroient encores à present superflues, pour la consequence qu'elle en tire, que les testicules sont les vrais tesmoings de la virilité, & que sans iceux ne se peuuent naturellemét acomplir les œuures du mariage.

Car la responce à ceste obiection, est: Que si la loy diuine defend à la femme de ne ietter les yeux ou les mains petulantes aux parties où la honte de son mary se cache, à moindre raison doit-il estre permis à l'inthimee de diuulguer qu'elle ait ce ressentimét de celles de son espoux, *Non enim* (disoit Quintilian) *societate coniugali omnia adeo miscentur, vt animus non habeat aliquod secretum.*

En second lieu, que presupposé qu'il

n'ait les deux glandules furnommees tefmoins de virilité pour apparentes, cela
n'empefche pas qu'il n'en ait d'occultes,
veu tant d'autres parties cachees au corps
humain, que pour n'apparoiftre pas nous
ne doutons neantmoins y eftre, Notamment noftre Ame qui eft la vraye endele-
chie des parties vitales, toutesfois comme difoit Cyrus dãs Xenophon, ne laiffe
de produire fes effects dans noftre corps,
ores qu'elle n'y foit ny veue ny maniee.

Ioinct que felon le difcours des chapitres 26 & 28, de l'hiftoire de Iob, Nature
a caché tant foubs mer que foubs terre,
vne infinité de chofes rares & precieufes,
que pour cela nous ne deuons douter y
eftre, par la raifon qu'en deduit bien am-
plement Lucrece, au liure premier de fes
naturelles,

Corporibus cæcis quoniam natura gerit res,
Vt nequeant oculis rerum primordia cerni

       ----- ac corpora multa neceffe eft,
Confiteare effe in rebus nec poffe videri.

C'eft pourquoy par tout l'Edict Edili-
tien nous voyons que nos Iurifconfultes
mettét en pareille categorie les vices apparents ou latens, & par argument con-

traire les perfections latétes ou apparentes : Mesmes qu'en matiere d'interests la
loy fait autant d'estat de la bonté intrin-
seque qu'extrinseque , attendu que par
l'intelligéce de l'esprit elle peut receuoir
pareille estimation, *l.cum quid.ff. de rebus
creditis.l.bonitatis.ff.de euict.l. vnica. C.de ve-
teris numismat.potest.lib.11.tit.10.*

Consideré d'ailleurs que supposé que
ledit sieur appellant n'ait les deux glandules appellees tesmoins de virilité manifestes & apparentes. Cela n'empesche
que la substance de verité n'y soit inte-
rieure, d'autant que les choses peuuent
estre de soy veritables ou faulses sans tesmoins, *Misera hercle coditio mortalitatis quã-
do iam omnibus quæ inter nos geruntur testem
adhiberi oportet,ita parum facit veritas.* Et la
maxime de droict tient que pourueu que
la verité subsiste de soy l'affirmation ou
denegation de ceux qui en parlét ne peut
en rien alterer la substáce d'icelle.*l.assum-
ptio.ff.ad municipales.l.si forte.ff.de castr.pecul.*

Adiousté que sans lesdits tesmoins apparens ledit sieur appellant en a d'autres
qui n'ont moindre efficace pour la preuue de sa virilité,comme ceux qui ont esté

prétouchez de l’habitude de son corps,
& sur tout de son plumetif en bonne forme, car la loy dit que telle piece authen-
tique est de pareille force que les tesmoins pour bien fournir vne producti̅o.

Bref comme Pausanias ne fut moins
bien conuaincu de la trahison de la Gre-
ce, pour auoir esté les tesmoins cachez
dessous vne voute du temple de Iuno
Chalcœcos & que la rebellion d’vn grand
seigneur de France ne fut moins bien ve-
rifiee par le Roy Loys XI. pour auoir seulement esté entendue de quelques tesmoins cachez derriere vne tapisserie par
son commandement, que s’ils eussent
esté manifestes & apparens.

Au cas pareil ne doit rien deperir à la
verité de l’estat viril dudit sieur appellant
ce qui luy est obiecté du defaut de l’apparence de ses tesmoins, pource qu’il les a
cachez dans le corps, attendu qu’il n’auroit onc souffert aucune excision, & que
supposé que la constitution commune
de nature soit au contraire, toutesfois

Nil prohibet raris nomen inesse meum.

Outre que les constitutions ciuiles &
canoniques ne disposent moins des cas

rares & extraordinaires que de ceux qui arriuent le plus communement *l. sed & si. §. si pater. famil. ff. de Iudic. l. antiqui. ff. & pars heredit. pecat. can. in Canonicis dist. 19. can. apostolica can. cenamonensem dist. 56.* notamment les textes qui parlẽt des Eunuques & Spadons sont fort frequens és liures de l'vn & l'autre droict.

Aussi n'est-ce le premier priuilege que s'attribue nature en la varietéde tout ce qui vient en estre, d'où Pline a pris subiet de dire en son histoire naturelle, *lib. 11. cap. 3. Mihi contuenti se persuasit rerum natura, nihil incredibile existimare de ea et singula quidem quæ facit in dies et horas quis enumerare valeat? cæterum eius potentia approbat, nihil ab ea sine aliqua occultiore causa gigni, lib. 22. in prefatione ibidem.*

Toute la difficulté donc du procés semble retomber sur ce seul point, de sça-uoir si celuy qui n'a point de testicules apparens est incapable de cõtracter mariage, s'il est inhabile ou impuissant à la generation *quasi funerata illa parte corporis qua Hercules esse debuit* pour vser des termes de Petronius, & si en consequence de ce, le mariage contracté auec luy peut estre

eſtre declaré nul & comme n on aduenu.

Or d'autant que la reſolution de ceſte difficulté depend principalement de la cognoiſſance des maximes de la philoſophie naturelle & de la medecine, pource qu'eſtant vne fois decidé ſi le Spadon n'ayant teſticules apparens peut engendrer ou non : La queſtion de droiᵬ eſt fort facile par apres à reſoudre.

Pour ceſte cauſe ledit ſieur appellant pretend vous monſtrer qu'en termes de Phyſique & de medecine, celuy qui n'a teſticules apparens eſt capable de la generation, & de là colligera qu'en termes de Theologie, de Iuriſprudence, & de droiᵬ Canon, enſemble de Philoſophie morale, le mariage contraᵬé auec luy eſt bon, vallable & legitime, conſequemmɇ́t ne peut eſtre poſterieurement reſolu.

A commencer donc l'ouuerture de ceſte queſtion par la Philoſophie naturelle, quelle authorité peut eſtre de plus grand poids ſur le ſubieᵬ d'icelle que de ce grand & incomparable Philoſophe, qui pour ſa parfaiᵬe cognoiſſance des choſes plus ſecrettes a merité d'eſtre ſurnommé le Genie de Nature?

C

Cet Ariſtote donc traictant expreſſément la preſente queſtion au liure premier de la generation des animaux, chap.
4. dit, que nature a mis les teſticules aux
vns par dedans, aux autres par dehors ſelon la dureté ou molleſſe du cuir & de la
peau : d'autant que ſi les teſticules auoiét
vn couuercle trop dur ils deuiendroient
inutiles, à cauſe que le ſperme en ſeroit
endommagé: s'ils l'auoient trop mol, ils
en pourroient eſtre refroidis, & conſe-
quemment rendroient le ſperme non generatif.

Pour ceſte conſideration, dit-il, audit
chap. & au 12. ſubſequét, la plus-part des
Oiſeaux, des Poiſſons & autres animaux
qui n'ont point de teſticules, ou les ont
renfermez dans le corps, ſont les plus
prompts & plus chauds au coit: D'autant
que tant ſ'en faut que le manquement
des teſticules empeſche la generation,
qu'au contraire les teſticules ſeruent có-
me d'vn meandre, comme d'vne bonde,
ou comme d'vne porte pleine de tours &
deſtours ſinueux pour retarder le cours
de la ſemence, la tenir en branle & en ſuſ-
pens, bref pour luy ſeruir de contrepoids

ainſi que la pierre eſt pendue à la trame d'vn Tiſſerand, pour donner cours eſgal & plus commode à la nauette qui court & recourt deſſus.

Le meſme Ariſtote adiouſte aux deux chapitres prealleguez, & autres ſubſequents au meſme liure, que les teſticules font ſeulement ce bien à l'homme que d'ameliorer aucunement ladite ſemence ainſi par eux tenue en arreſt, & que pour ceſte cauſe ils ſe recreſpent & moutonnent, bref ſe reuuerſent dans le corps ſur le point de l'acte du coit, de peur d'eſtre refroidis par l'air exterieur, & pour ſe reſchauffer d'auantage au dedans.

D'où l'on peut colliger, que tant ſ'en faut que celuy qui n'a aucuns teſticules apparens (n'ayant toutesfois ſouffert aucune exciſion comme l'appellant) ſoit inhabille, froid ou impuiſſant à la generation, qu'au contraire il y eſt plus vif, plus prompt & plus chaud que les autres, & a l'eiaculation plus ſoudaine que ſ'il auoit des teſticules, d'autant qu'ils ne ſeruent que de barre pour retarder le cours de la ſemence.

Cela eſt ſi veritable que le meſme Ari-

ſtote allegue audit chapitre 4. comme
choſe aduenue de ſon temps, qu'vn Taureau incontinét apres ſon exciſion ayant
ſailly ſur vne Vache, l'emplit toutesfois
de Sperme generatif, pource que les conduits d'iceluy n'eſtoient encores retirez:
Ce qui demonſtre qu'à plus forte raiſon
vn homme ſans teſticules apparents, ne
laiſſe d'auoir l'eiaculatiõ du ſperme, veu
que meſmes vn chaſtré long temps apres
ſa puberté acquiſe, ne laiſſe d'auoir ceſte
faculté iuſques à ce que les conduits luy
ſoient retraicts & les vaiſſeaux tant preparans que deferans bouchez.

Voila donc pour ce qui eſt de la philoſophie naturelle, & ne faut pas douter
que l'eſcole des Medecins qui a iuré aux
paroles & opinions de ce grand Philoſophe, ne s'accorde en cela totalemét auec
la doctrine de ſon Maiſtre.

Or pour le monſtrer par l'anatomie
des vaiſſeaux ſeruans à l'arrection, intro-
miſſion & eiaculatiõ du ſperme, qui ſont
les trois parties requiſes pour la conſom-
mation du mariage, nous trouuerõs que
les teſticules ne font nulle fonction entre icelles.

Car quant à l'arrection, les Anatomistes tiennent que le membre viril a plusieurs ligaments spongieux presque semblables à la subståce de la ratte, où se trouuent plusieurs ramifications & entrelassures de plusieurs petites veines, arteres, & filamens nerueux contre la nature des autres, contenant gros sang & noir, lequel assiegé de l'esprit de concupiscence, & agité par le feu d'amour illec enuoyé, enfle & leue la corne à ce brusque Priape.

L'intromission procede outre les causes que dessus, des ventositez pleines d'esprits vitaux qui tressaillent du cœur, ensemble de la chaleur de concupiscence, & appetit naturel, lequel prend sa source du foye & des reins, & de là s'espand par les parties genitales.

A l'esgard de l'eiaculation, elle prouient nõ pas des testicules au moins purement & simplement, ains des vaisseaux spermatiques qui sont six en nõbre, quatre preparans & deux eiaculatoires ou deferås: quant aux preparås depuis qu'ils sortent hors de la grande capacité de la tunique appellee peritoine, ils se refleschissent en plusieurs replis & anfractuo-

ſitez en forme de varices, afin qu'en ſi lõg
chemin la matiere de la ſeméce qui n'eſt
encores que ſang, ſoit preparee à conco-
ction ou pluſtoſt cuicte en iceux par ſi
longue demeure.

Entant que touche les deux eiaculatoires, ils procedent des paraſtates vari-
queux ou veines aſſiſtantes aux teſticules
deſquels elles font vne ſubſtãce ſeparee,
& ſeulement ſont entortillees ſur iceux,
ou coulent deſſus comme vne corde au-
tour de ſa poulie, puis ſe rencõtrans auec
les preparans, montent par leurs voyes
dans le ventre, ſans que les teſticules leur
ſeruẽt d'autre choſe que de contre-poids
qui balance le flux de l'eiaculation.

Dont reſulte qu'il n'importe en quel
endroit ſoient les teſticules ou dans l'interieur à l'enuiron de l'os pubis, ou bien
dans le ſcrotum, ains au contraire, que
quand ils ſont dans l'interieur, l'acte de
la generation en eſt plus viſtement parfaict, pource que les vaſes preparans &
eiaculatoires n'ont point tant à deſcen-
dre & remonter comme quand les teſticules ſont dans ſcrotũ en partie plus baſſe
& ſubiecte à vne intemperie exterieure.

Car veu que la proportion du corps
humain eſt admirable en toutes ſes parties, ne faut point douter que quand les
teſticules ne ſont deſcendus iuſques au
ſcrotum, pource que les veines cremaſteres auſquelles ils ſont pendus ſont
trop courtes, que les veines paraſtates
dont procedent les vaiſſeaux eiaculatoires ne ſoiét auſſi proportionneez de meſme, comme on void au corps de la femme ou les vaiſſeaux ſpermatiques ſont à
la proportiõ des veines cremaſteres, auf-
quelles ſont pendus leurs teſticules en
l'interieur de la matrice, & pourtant ne
ſe voient pas, d'autant qu'ils ſont pendus
plus court que ceux du commun des
hommes.

Tout ce que deſſus donc recueilli des
liures des Medecins & Anatomiſtesplus
excellens, tant anciens que modernes,
demonſtre qu'vn homme non chaſtré ne
exſequé, & qui toutesfois n'a aucuns teſticules apparens, eſt autant ou plus capable de la generation que ceux qui les
ont apparens, d'autant qu'à ces derniers,
le teſticule pendant eſt comme le frein
ou la bride de leur appetit charnel dont

les autres sont affranchis pour ce qu'ils
ont la carriere libre pour faire vn cours
plus chaud & violent.

En second lieu resulte des moyens que
dessus, que les testicules font si petit of-
fice à la generation que par maniere de
dire ils seruét plus d'archers pour faire la
garde à la porte des vaisseaux spermatiques, à fin d'empescher qu'ils ne se iettét
à la foule, que non pas qu'ils facent aucun ministere notable en l'acte Venerien qui a tant d'autres parties & anfra-
ctuositez pour faire cuire & digerer la semence : Tant y a que sans iceux se peut
faire l'arrection, l'intromission, & ne ser-
uent que si peu que rien à l'eiaculation,
partant le defaut d'apparence d'iceux ny
ne peut empescher vn mariage d'estre
contracté, ny contracté, ne le peut dissoudre.

C'est ce qu'il eschet maintenant de discourir par les raisons tirees de la Theologie, Iurisprudence, droict Canon & Philosophie morale.

Quand à la Theologie si nous voulõs
commencer dés l'institution du mariage
aicte de l'authorité de Dieu, & en l'estat
d'inno-

d'innocence de nos premiers peres: Def-
lors fut prononcé que la feule mort de
l'vn ou l'autre des conioincts les pouuoit
deliurer du ioug du mariage.

Et comme fi Dieu preuoyant l'incli-
nation naturelle du futur fexe feminin à
ce qui feroit de l'œuure de la generation,
luy euft voulu impofer ce ioug de n'exi-
ger du mary la debte coniugale, *nifi qua-
tenus facere poffet* comme parlent les Iurifconfultes, il auroit apres le peché pronõ-
cé cõtre les femmes, en la perfonne d'E-
ue cefte effroyable & irreuoquee fenten-
ce אל אש תשוקתה *Erit concupifcentia tua ad
defiderium viri tui cap. 3. gen.*

Vray eft qu'en cet endroit le texte vulgaire de la Bible lit *erit fubiecta viro & ip-
fe dominabitur tui*, qui reuient aucunemẽt à
l'autre, mais la verfion literale au pied du
texte Hebraique eft plus fignificatiue
pour demonftrer que la concupifcence
de la femme doit eftre bridee au vouloir
& pouuoir de fon mary, attendu qu'il eft
chef d'elle, qu'il eft cõme dit Medee dans
Euripide δεσπότης τοῦ σώματος, qu'il a fon
corps en fa difpofition & non elle reci-
proquement, comme naturellement le

D

ſubiect eſt inferieur en pouuoir que ſon
ſeigneur & maiſtre.

Que ſi nous liſons le diuorce permis
aux Iuifs par le 24. du Deuteronome, &
chap. 6. de Ioſephe au 4. de ſes Antiqui-
tez, nous le deuons prendre comme permis & indulgé pour la dureté du cœur
de ce peuple, non comme approuué, ainſi que noſtre Seigneur nous l'auroit en-
ſeigné de ſa bouche dans S. Matthieu
chap.19.S.Marc, 10. & S. Luc, chapitre
16.S.Paul en la premiere aux Corinthiés
chap.7.& ailleurs.

Et encores ne trouuerons nous point,
qu'en toute ladicte ancienne Loy, ſe ſoit
faite aucune diſſolution pour cauſe de
pretendue impuiſſance de mary ou ſterilité de ſa femme, ains au contraire les mariez reduits en ce malheur, auoient recours aux prieres & œuures de peniten-
ce, recognoiſſans que tel defaut de lignee
procedoit de l'ire & maledictiõ de Dieu,
Deuteron.7.Reg.1.cap.1.Pſalm.117.Lucæ cap.
1. Philon le Iuif au traicté des loyers &
des peines du peuple Iudaique.

Que ſi de ce pas nous deſcendons à la
loy de l'Euãgile, ce point nous y demeu-

rera pour conſtant & arreſté , qu'il n'y a nulle cauſe en icelle , pour raiſon de laquelle ce grand & ineffable Sacrement en noſtre ſeigneur IeſusChriſt & ſon Egliſe puiſſe eſtre diſſolu. *Pau.adEphe.cap.5.*

Car ce qui eſt dit és paſſages de S.Matthieu, S.Marc, & S.Luc préalleguez, que l'hõme peut reietter ſa femme pour cauſe de fornication, cela s'entend de la ſeule ſeparation du lict , comme l'ont entendu S.Paul au paſſage précotté, S.Ieroſme *in epitaphio Fabiolæ.*S.Ambroiſe *ad Rom.cap.* 7.S. Auguſtin liure *de nuptiis & cõcupiſcentia* , & comme l'a decidé tant le Concile Mileuitain can. 17. que le dernier Oecumenique tenu à Trente Seſſ.24.can.7.& non que pour ceſte ſeparation du lict , le Sacremét du mariage ſoit du tout reſolu.

Ains au contraire telle & ſi grande eſt la force de ce lien, que meſmes encores que les conioincts des-mariez ſoiét conuolez en de ſecondes nopces, toutesfois ſelon l'authorité de S. Auguſtin *potius inter ſe coniuges ſunt etiam ſeparati quam inter alios quibuſcum adhæſerunt.* Tellement que s'il appert par apres que ſur fauſſes preuues , ou precipitamment le premier ma-

riage ait esté annullé , force est aux premiers conioincts,à peine de crime de cõ-
science,de retourner ensemble , pource
que tout ainsi que l'ame apostasiee de la
foy ne perd le sacrement d'icelle, ny aussi
les conioincts separez l'vn de l'autre. *Lom-*
bardus distin.31. 4. senten. can. requisiuisti 33.
quæst.1.can. vsque adeo.32.quæst.7.

Mais ce qui semble de plus admirable
sur ce subiet est , que ce sacré ioug dure
mesmes apres la mort,comme nous pou-
uons recueillir de la question faicte à no-
stre Seigneur par les Sadduceens de la
femme des sept freres,sçauoir auquel d'i-
ceux luy faudroit se reioindre au iour de
la future resurrection. Et pour ceste cause par tous les Royaumes & Republiques
mieux policees les vefues apres le trespas
de leurs maris, iouyssent des mesmes hõ-
neurs,priuileges,preeminences,& prero-
gatiues,que s'ils viuoient encores, pource que par leur decés ce nœud gordien,
ceste chaine aimantine,& ce lien si ferme
n'est reputé rompu.*l.filij §. vidua ff. ad mu-*
nicipal.§.non tantum auth.de nupt.

Et tant s'en faut que ladite Loy Euan-
gelique repute les hommes en qui les or-

chies n'apparoiſſent, pour incapables de
ce grand Sacrement du mariage, Qu'au
contraire il ne nous eſt rien chanté plus
ſouuent que cet oracle ſalutaire, *Qui ha-*
bent vxores, ſint tanquam non nubentes.

Comme ſi noſtre Seigneur, & apres
luy S.Paul, vouloit dire, qu'en l'ancienne Loy la generation eſtoit tref-neceſſai-
re, tant pour la multiplication du Mon-
de, qu'auſſi pource qu'il falloit que par
continuatiation du ſang és familles, le
ſouuerain Meſſie en priſt ſa naiſſance &
origine.

Mais auiourd'huy qu'il eſt venu, que
tempus videtur in collecto, & qu'il faut rem-
plir le Ciel de vierges, côme les nopces
Iudaiques rempliſſoient la terre de peuple fecond, telle obligation preciſe à la
generation, n'eſt plus ſi neceſſaire : Non
que ſur ce pretexte les mariez ſe doiuent
refuſer mutuellement la debte coniugale, mais qu'en defaut de lignee ils ne diuorcent pas l'vn d'auec l'autre, ains ſup-
portent leur imperfection mutuelle, &
viuent comme frere & ſœur, f'ils ne peuuent viure côme mary & femme: A quoy
ſe rapporte ce qu'eſcrit Tertullian *de ſpa-*

donibus voluntariis propter Christum factis.

Que si au contraire ils peuuent viure comme homme & femme, ainsi que l'intimee a recogneu au fait qui s'offre, auoir eu la cohabitation de l'appellant son mary, Ne faut nullement doûter que le mariage ne soit prou consommé, ores que la lignee ne s'en soit ensuiuie si tost : Car il ne peut estre vn plus parfaict mariage que celuy de IesusChrist auec son Eglise, & neantmoins, comme dit Arnulphus Euesque de Lizieux, qui florissoit y a quatre cens tant d'annees, en son Sermon *in Synodo*, la consommation ne s'en fera qu'en l'autre siecle, lors qu'il sera dit, *Media nocte clamor factus est, ecce sponsus venit.*

Bref pour conclurre ce point de Theologie, *Domin. de Soto* sur le 4. des sentences *distinct*, 34. *quæst.* 1. *articulo* 2. *Siluester ver. matrimonium.* 8. §. 16. *& Petrus Paludanus* grand Theologien s'accordant auec eux decident que celuy qui n'a aucuns testicules apparens, pourueu qu'il ne soit chastré ne exsequé, doit estre censé capable du mariage, pource qu'il a la vertu & faculté generatiue actuellement, ores que non parauenture effectuellement, car ce ne peut estre qu'vn vice accidentaire de sterilité, pour lequel ne se peut ny doit dissoudre vn mariage - *can. non enim 32. quæst.1.can.non solet. 32. quæst. 4. can. plt. & seq. 32. quest. 7.*

Veu mesmes que S. Thomas passant plus outre tient que l'acte du coit n'est point de l'essence du mariage ains seulement la puissance au coit, qui faict qu'en contractant mariage ny a point eu d'erreur de la femme en la croyance de l'habillité de l'homme aux œuures d'iceluy, en consequence dequoy ne peut il posterieuremét estre resolu pour ce qu'il a subsisté des le commencement. D. *Thomas, 3. parte summæ quest. 58. arti. 10.*

L'opinion duquel ensemble dudit Soto au passage preallegué, semble estre fondee sur la glose du Canon *hi qui 32. quæst. 7.* qui decide que si *Spado habet virgam arrectam siue resoluat sperma, siue nŏ, quod sit ibi matrimonium, nam talis satisfacit mulieri, sicut mulier satisfacit viro siue resoluat siue non, nec semper requiritur quod in matrimonio sit filiorum procreatio, quia sufficit quod non euitent prolem, can. solet. 32. quest. 2.*

Et en cela comme toutes les sciences

ont une mutuelle correspondance & af-
finité entre elles, aussi la Iurisprudēce de
laquelle maintenāt eschet parler symbo-
lise & s'accorde fort auec la Theologie,
quoy que les Iurisconsultes la plus part
ayent esté payens:mais le mariage a tousiours esté en tel respect enuers toutesna_
tions,tant policees qu'agrestes & barba-
res , qu'elles auroyent presque sur le sub-
iect d'iceluy suyui d'vn commun accord
ce qui est des plus secrettes notions de la
nature.

Quand le Iurisconsulte demande si le
mariage auec le spadon est vallable il di-
stingue comme le Theologien,si cest vn
chastré (car spadon est le nom general
comprenant souz soy les Eunuques cha-
strez, Thlibies Thlasies & autres *l,Spado-
num.ff.de verb.signific.*) si dōc c'est vn chastré,le mariage qu'il contracte doit estre
censé nul , pource qu'il est reputé pour
incapable de la generation-*nec arrigit ipse
& queritur pariat quod sua Polla nihil?*

Encores que l'Escriture saincte nous
tesmoigne que Putifar Eunuque de Pha-
raō estort marié pource dit Rabi Kimhi
qu'il n'auoit la verge couppee, que Phi-
lostrate

Ioſtrate parle d'vn Eunuque Babylonien
ſurpris ſur le fait du coït, & que le Philoſophe Phauorinus ſe ſoit autres-fois van-
té que tout Eunuque qu'il eſtoit, on le
ſoupçonnoit d'adultere, cõme auſſi Cy-
rillus dans Suidas aſſeure que tels Eunuques prouueu qu'ils ayent eſté exſequez
ſur le tard, retiennent beaucoup de la faculté du coït, & ſont fort ardents à l'acte
Venerien εἰωθότες ἀσελγαίνειν ἀμέτρως καὶ ἀ-
κολασταίνειν ἀναιδῶς καὶ ἀκορέστως.

Mais tant y a que puis que telle eſt la
commune notiõ du droict des gens, que
ces chaſtrez ſont incapables de la generation, nous tiendrons pour reſolu que
ce ſont ceux que l'vn & l'autre ſexe a de
couſtume d'auoir en abomination, ſont
ceux que les Grecs appellẽt demy-hom-
mes demy-femmes, ny hommes ny femmes, ſont ceux a qui Dieu deffend l'en-
tree en ſon temple-*Deuteron.23.*ſont ceux
que les conſtitutions canoniques prohi-
bent d'eſtre promeus aux ſainctes ordres,
que les loix ciuiles repouſſent & reiettẽt
des charges publiques.

Sont ceux que les Orientaux confi-
noient aux cabinets de leurs femmes *qui-*

E

buscum coire non possent, dit Ammian Marcellin *lib.* 18. & lesquels pour ceste cause Accurse dit estre propres à garder les Dames subiettes à leur plaisir *gloss.l.sin autem ff.de ædilit. edict.* qui par tout ledit tiltre sont appellez mal-sains & vitieux *l.7.& all.ff.eodem,* à qui l'Empereur Leon deffend le mariage par sa constitution 98. expresse à ce, des nopces desquels Iuuenal & Martial se rient, les comprenants quelques-fois soubs le nom general de spadons-*cum tener vxorem durat spado,* bref dont Ouide dit en l'Elegie 3. du 2. de ses amours. (*seruas.*)

Hei mihi quod dominam, nec vir, nec fœmina
Mutua nec Veneris gaudia nosse potes,
Qui pueris primus genitalia membra recidit.
Vulnera quæ fecit debuit ipse pati.

Telle espece d'Eunuques ou spadons est sans doute incapable du mariage & de l'œuure de la generation, comme le traite elegamment Theophile au § ἐκ τὴν κοινωνίαν *de adopt.* aux Institutes, ce qui les rend aussi incapables de l'adoption *quod naturam mititur l.2.ff.de adopt.*

Mais quant aux spadons non mutilez ne exsequez, qui neantmoins ne sont nez qu'auec vn testicule ou auec deux non apparens, toute la Iurisprudence resoult qu'ils sont capables du mariage. *l. si serua. §. i de iure dotium* qu'ils peuuent adopter *D. l. 2.* qu'ils peuuent faire testament & instituer heritiers, *l. sed est quæsitum ff. de liberis & postumis, quoniam nec ætas nec sterilitas ei impedimēto est, secus in castratis,* qu'ils peuuent manumettre *matrimonij causa, l. alumnos ff. de manum. vindict. secus in castratis,* que tels spadons peuuent estre chargez de tutele, qui est vne fonction virille *l. 1. C. de excusat Tuto.* bref qu'ils peuuent tenir rang entre les gēs de guerre, *l. qui cū vno ff. de re milita.* & pourquoy-non combatre soubs ces drapeaux à la faueur desquels

Militat omnis amans, & habet sua castra Cupido?

La raison estant fondee sur ce que dit Theophile au paragrafe preallegué, sçauoir que le spadon non resequé n'a pas vn empeschemēt perpetuel pour la generation, ains temporaire seulemēt lequel venant à cesser, il peut suffire aux œuures du mariage. τῷ παθοῖς ἀπαλλαγέντος ἐν τοῖς γονιμοις μορίοις παιδοποιοῦσι. Et à ce propos Strabō escrit des Indes qu'ils ont

des Medecins ſtipédiez pouraider & me-
dicamenter le vice ou empeſchemēt qui
peut eſtre aux perſónes marieez de n'engendrer enfans, Geograp. lib. 15.

Ou bien la raiſon de ce que le ſpadon
non exſequé peut contracter mariage,
procede de ce qu'eſcrit Accurſe en ladite
Loy-*ſi ſerua* que tel ſpadon a les facultez
genitales, & ſelon qu'il eſt chaud plus ou
moins a vne ſemence prolifique, ou s'il
ne l'a telle, que c'eſt vn vice accidentaire
de ſterilité qui ne peut diſſoudre vn mariage.

A cela ſe conforment les Canons-*can.*
pen. & ſequenti 32. queſt.7. & autres prealleguez, & d'autant que c'eſt principalement par les maximes canoniques que ſe
doiuent decider les cauſes matrimonial-
les, pour ceſte cauſe entrera l'appellant
au diſcours d'icelles ſuiuant l'ordre & di-
uiſion premiſe.

La Science canonique qui ſe guide en
tout par ſa Cynoſure, qui eſt l'Eſcriture
ſaincte, tient auec elle que le mariage eſt
vn treſ-grād & treſ-venerable Sacremēt,
auquel l'homme ne doit temerairement
mettre la main pour le diſſoudre puis

que Dieu l'a conjoint, que ce mariage se parfait & accomplit-*pactione coniugali, non defloratione virginitatis,* comme dit S. Ambroise, & selon qu'il est traicté plus au lõg *causa 27. quæst. 2. can. matrimonium can. sufficiat. can. cum initiatur* & autres, & sur ceste maxime S. Augustin tient au canon *omne, eadem causa,* qu'entre S. Ioseph & la vierge Marie *verum fuit matrimonium,* ores qu'ils ne soient iamais conuenus ensemble pour l'œuure du mariage.

Les mesmes canons tirez des escrits des Saincts Peres nous representent que le mariage se consomme & accomplit par vn bien de trois especes-*Spe boni prolis, boni fidei, boni sacramẽti,* & que ces trois ont esté audit mariage de S. Ioseph, & de la vierge Marie *non ex officio sed ex his quæ comitantur officium coniugij, quia subsecuta est proles, fuit fides & sacramentum can. institutum & sequentibus 27. quæst. 2. Proles,* qui és autres se considere par la commixtion des sexes, *fides* par la loyauté coniugale respectiuement gardee sans adultere *Sacramentum* par la coniõction indiuidue sans diuorce

Finalement nous apprenons desdits canons qu'encores que les cõioincts qui

ne peuuent auoir la cohabitation l'vn de
l'autre , puiſſent toutesfois ſubſiſter en
mariage , & viure comme frere & ſœur,
bref ſoit dit qu'ils feroient mieux & vi-
uroient en eſtat plus parfait à garder con-
tinence, neantmoins *quia melius eſt nubere
quam vri*, que ſi le mary dés auparauant le
mariage contracté eſtoit froid & impuiſſant , *ex poſt facto* la femme a permiſſion
de faire declarer le mariage nul, mais par
indulgence ſeulement , & pour euiter à
plus grand mal κατ συγγνώμην pour vſer
des termes de S. Paul, οὐ κατ' ἐπιταγὴν ſe-
cundum veniam non ſecundum præceptum.

Car à cet eſgard les Theologiens & canoniſtes conſiderent double inſtitution
du mariage, la premiere en eſtat d'innocence *ex præcepto ad multiplicationem prolis*,
la ſecõde, apres le peché, *ex remedio, ad vi-
tationem fornicationis. d. Lombard. 4. ſentent.
diſtinct. 30.* ce qui ſemble tiré de S. Auguſtin *can. nuptiarum 27. quæſt. 1.* où il dit que
*nuptiarum bonum olim fuit Legis obſequium
nunc eſt infirmitatis remedium, in aliis humani-
tatis ſolatium.*

Tout cela donc preſuppoſé ne fait rien
pour aſſiſter la pourſuite faite par l'inthi-

mee contre son mary, pour la dissolution de leur mariage:

Digna minus misero non meliore viro.

Car il a esté contracté & solēnisé en face de saincte Eglise *sub spe prolis, fidei, & sacramenti*, il a esté consommé soubs ceste esperāce par la commixtion des deux sexes, & par la culture du terroir genital.

Spes alit agricolas, spes sulcis credit aratis
Semina quæ multo fœnore reddat ager.

Encore que ce ne soit pas simplemēt ceste conionction des corps qu'il faille cōsiderer en vn mariage, ains plustost la cōionction des deux ames par la vertu du sacremēt, qui au cōtraire plus il est exēpt de la commixtion des œuures de la chair, plus est censé parfaict, dit le Maistre des sentences, *lib. 4. distinct. 26.* De maniere que ce brocard vulgaire, *mulierem cum qua non fuit commixtio ad matrimonium non pertinere*, se doit entendre selon l'interpretation d'iceluy, que le mariage ne laisse de subsister auec elle *quantum ad veritatem & sanctitatem coniugij, & si non quantum ad plenam significationem vnionis Christi & ecclesiæ. d. Lombard. distinct. 30. ex d. Ambrosio lib. 1. de patriarchis.*

Car la commixtion des corps denote bien la figure de l'vnion de IesusChrist & de son Eglise *in naturæ conformitate*, mais sans commixtion le mariage ne laisse pas de la representer *in charitate*, dict ledict Maistre des Sentences, *lib.4.d.distinct.26.* & S. Thomas, *3. parte summæ quæst.29. artic. 4.* Partant ledit mariage consideré en sa derniere espece, n'en est pas moins valable, *quia plus valet sanctitas sacramenti, quam fœcunditas ventris*, dit S. Augustin *lib.de bono coniugali cap.18.tom.6.*

Bien est vray que le commun vœu de ceux qui subissent le S. Sacrement de mariage, est d'auoir lignee *vult alter pater esse, altera mater esse*, mais ce vouloir s'entend au cas que Dieu qui dispose des propositions de ses creatures, le vueille ainsi, & non autrement: car l'homme & la femme font bien l'instrument de la generation, mais c'est Dieu qui par sa benediction produit le fruict en estre, *neque qui plantat, neque qui rigat, sed qui incrementum dat Deus.*

Theodoret au troisiesme liure de la prouidence de Dieu dict, qu'elle est principalement admirable en la generation de l'homme, tant par la mutation d'vne

petite

petite semence en tant d'os, de muscles &
de veines, que par l'infusion de l'Ame im-
mortelle. Autant en discourt Pisides, au
liure de la Cosmourgie.

Le Patriarche Iob addressant sa parol-
le à Dieu recognoist bien que la main d'i-
celuy auoit plus operé en sa generation
que ses pere & mere, *manus tuæ domine fe-*
cerunt me. Pelle & carnibus vescisti me, ossibus
& neruis compegisti me, vitam mihi tribuisti.

Bref pour demõstrer que ce n'est point
aux mariez de dire, *volo pater esse, volo ma-*
ter esse, ains que cela se doit remettre à la
grace de Dieu, lequel comme dit Iuuenal, tout payen qu'il fust, sçait & cognoist
que le plus souuent --- *nos animorum.*

Impulsu & magna cæcáque cupidine ducti.
Coniugium petimus partúmque vxoris, at illi
Notum qui pueri qualesque futuri.

Suffira de conclure ce point par ce passage de S. Augustin au liure 12. chap. 25.
de la cité de Dieu *-Deus dat vnicuique semi-*
num proprium corpus, ita nec fœminam sui puer-
perij creatricem appellare debemus, sed potius il-
lum qui cuidam famulo suo dixit, priusquam te
formarem in vtero noui te, & quamuis anima
sic vel sic affecta prægnantis valeat aliquibus

induere qualitatibus fœtum, naturam tamen il-
lam quæ gignitur, tam ipſa non fecit, quam nec
ipſe vir ſe fecit.

C'eſt donc pour demonſtrer que le mariage ne laiſſe pas d'eſtre vallable, encores que quelque deuoir qu'y apportent
l'homme & la femme, Dieu n'y entre-
meſle ſa benediction pour leur bailler lignee, veu que Spartian nous teſmoigne
en la vie de l'Empereur Alexandre Seue-
re & diſcourt auec admiration que les
plus grands perſonnages de la terre, ou
n'ont point eu d'enfans, ou les ont eu ſi
deteſtables & mal complexionnez, qu'il
euſt eſté plus expedient pour eux de n'en
auoir iamais eus ἡρώων πήματα τέκνα.

Et toutesfois qui de tous ceux-là contractant mariage n'euſt dit - *volo pater eſſe?*
La mere de Samuel ſe mariant diſoit-
elle pas en ſa péſee, *volo mater eſſe.* La femme du Prophete Zacharie eſperoit-elle
pas d'eſtre mere, & tant d'autres, neantmoins elles n'en auroient eu que mira-
culeuſement, & non tant par l'œuure de
nature que benediction de Dieu.

Partant diſoit bien à propos Rabi ben
Syra le plus ſage des Hebreux, & lequel

on eftime auoir efté nepueu de Ieremie,
que l'homme ne doit iamais dire ie veux
celà, fi premierement il ne dit , prouueu
que Dieu le vueille, d'autant (adioufte ce
Rabin pour exemple) qu'vn marié ayant
dit qu'il vouloit coucher auec fa femme,
& elle auec luy, à l'inftant qu'ils monte-
rent fur la couche , ils trouuerent que
Thalamus eis erat tumulus, comme Arnulphus Euefque de Lizieux en apporte vn
pareil exemple en fon Epiftre cinquiefme, & Pline liure cinquiefme de fes Epiftres, Epiftre 16. outre ce qui eft vulgaire
de Sara femme du ieune Thobie, dont
les Hebreux en ont fait ce prouerbe: *L'ef-*
poufee monte fur la couche, & ne fçait ce qui luy
en peut arriuer.

פלתא אלחה לביבבא ולא יסע מה כימי לח

Et felon cet aduis les cōioincts par mariage diront - *volo pater effe,* *volo mater effe,*
pourueu que Dieu beniffe leur conion-
ction comme faite chaftement, *liberorum*
procreādorum fpe, & non pour affouuir leur
concupifcence brutalle que Dieu abhor-
re & dont il retire fa benediction.

Comme de fait les Hiftoriens ont ob-
ferué entre autres marques d'vn Eftat

corrompu, que depuis que le luxe & l'ex-
cés d'vn trop d'aise, commencent à infe-
cter cet œuure de nature en sa source premiere, & que l'on s'efforce de le prouo-
quer, pluſtoſt par artifice que par ce cō-
mun inſtinct dont touſiours la pudeur
tient & tire la bride, alors ne se produict
aucun Part que contrefait, monſtrueux
& difforme, ou bien les femmes perdent
la force de conceuoir du tout,

---steriles moriuntur & illis
Turgida non prodeſt condita in pyxide Lede.
Nec prodeſt agili palmas præbere Luperco.

Tant les conioincts par mariage doiuent apprehēder en ce cas l'indignation
de Dieu contr'eux, & notammēt la femme, qui semble auoir le don de fecōdité,
comme par preciput en son lot & parta-
ge, afin de seruir de vigne plātureuse aux
coings de sa maison : & qui partant doit
imputer à son malheur le defaut de lignee, non que soubs ce pretexte elle se
doibue disioindre d'auec celui qui a touſiours fait auec elle sa fonction virile.

Cōsideré meſmemēt que l'eſperāce de
la procreation, n'eſt pas la cauſe efficien-
te ne finale du mariage, *nec in coniunctione*

*maris & fœminæ consistit veritas matrimonÿ
can.non enim 32.quæst.1. can. solet. quæri 32.
quæst.4.d. Lombard.7.distin.30.* Ce ne peut
donc estre qu'vne cause impulsiue , *quâ
cessante non cessat effectus l.imperialis. §. sed &
si tales C. de nuptiis l. si mulier dotem. C. de iure
dotium.*

C'est à dire que le mariage a esté intro-
duit pour refrener les vagues concupiscé-
ces des hommes *—fuit hæc sapiëtia quondam*
Concubitu prohibere vago dare iura maritis,
pour les diuertir de la Pederastie ou a-
mour des masles, bref pour leur appren-
dre que s'ils vouloiët rechercher le plaisir charnel ils le deuroiët rechercher par
la conionction legitime, & y estre pous-
sez à ceste fin pour auoir lignee , ainsi
qu'il est remarqué au 8.chapitre de Thobie,& au 4.d'Esdras, chap.18.

Mais de là ne s'ensuit pas qu'en defaut
de lignee cause impulsiue du mariage il
puisse estre dissolu , car mesmes iamais
entre les payens on ne trouua bon à Rome le diuorce de *—Sp.Carbilius Ruga,*à cause de la sterilité de sa femme, & iaçoit
qu'il iurast qu'il se vouloit marier auec
vne autre *—liberorum procreandorum causa.*

F iij

Car ſi vous admettiez ceſte ouuerture
faudroit dire que le mariage pourroit e-
ſtre diſſolu non ſeulemét en defaut d'enfans, mais auſſi au cas qu'ils ne ſuruecuſ-
ſent : car tel eſt le commun vœu des peres & meres, non ſeulement d'auoir enfans, mais auſſi de les auoir ſuruiuãs pour
reuiure par eux en la poſterité. *vnde &*
ſuperſtitioſi docti ſunt au dire de Ciceron
quod ſoleant rogare deos, vt habeant liberos ſu-
perſtites. Tellement qu'à ce compte la diſſolution des mariages iroit en vne infinité, ſi on ne faiſoit marché auec Dieu à
telles, ou telles conditions.

Et qui plus eſt, faudroit entrer en ceſte
abſurde opinion que les mariages con-
tractez entreperſonnes valetudinaires &
vieilles d'aage comme de ſoixante ans &
plus, ſeroient nuls *ab initio* par defaut de
puiſſance de procreer lignee, & toutesfois tels mariages ſe contractent iournel-
lement en l'Egliſe, & n'y ſont point re-
prouuez, ſelon la doctrine de S. Thomas
3. parte ſummæ quæſt. 58. art. 10. num. 3.
Voire que l'Empereur auroit pour ceſte cauſe aboly la loy Papiéne & Popien-
ne qui impoſoit la boucle aux ſexagenai-

res&leur defendoit le mariage *l. sancimus. penul C. de nuptijs.*

Car la procreation n'eſt pas principalemét la cauſe du mariage. La femme fut premierement creée pour l'ayde & ſupport mutuel de l'homme, d'où Platon a tiré ſon Androgyne, & les Poëtes leurs Molionides aux membres entrelaſſez. Les maladies & autres afflictions qui trauerſent noſtre vie nous ont fait recouurir à la neceſſaire conionction du mariage, dict Clement Alexandrin au 3. de ſes Stromates.

Valerius Meſſalinus diſoit au 13. des Annales de Tacite-*vxoris nullum aliud leuamentum eſſe, quam conſortium rerum ſecundarum*, Columelle *lib. 12. chap. 1. Matrimonium ideo inſtitutum eſſe ſcripſit, vt ex hac ſocietate mortalibus adiutoria ſenectutis, nec minus propugnacula præparentur*, & au meſme propos Quintilian-*declamat. 368. ſic matrimonia iunguntur vt imbecillior ſexus præſidium ex mutua ſocietate ſumat.*

Et partant qui diroit vn mariage n'auoir autre but que la procreation de la lignee ſous l'eſperance de laquelle il auroit eſté contracté, & qu'au defaut d'icelle (non par le defaut du mary) le mariage seroit nul, pecheroit contre les reigles de nature.

Veu mesmes que le mariage ne se cõtracte pas seulemẽt *sub spe boni prolis*, mais aussi *sub spe boni fidei, & boni sacramenti*, or tout ainsi que *si desit bonum fidei*, c'est à dire que la femme oubliant sa loyauté coniugale vienne à commettre adultere, le mariage n'en est pas nul pour cela, cõme pareillement *si desit bonum sacramenti*, c'est à dire au cas que la femme diuorce d'auec son mary, d'autant que l'on espere tousiours mieux, Mais les esperances humaines sont tromperesses *& nescia mens hominum fati sortisque futuræ*.

Ainsi au cas que les mariez soient deçeus de l'esperance *boni prolis* le mariage n'en sera pas nul pour cela *quia ad veritatem copulatiuorum requiritur vtrumque copulatum esse verum l. si heredi. ff. de condit. instit. l. ad testium. §. si quis. ff. qui testam. facere possunt*, & l'argumẽt *à coniunctis ad diuisa & à diuisis ad coniuncta* est vallable en termes de Philosophie, & de Theologie *d. Lombard. 4. sent. distint. 31.*

Tellement que de tout ce discours sera tiree

tiree ceste conclusion, que par les maximes canoniques n'y a cause quelconque de pouuoir - *summo iure* dissoudre vn mariage, & que ce qui a esté adiousté de la frigidité ou impuissance du mary n'est -*ex præcepto, sed ex mera indulgētia*, pour euiter à vn plus grand mal : or comme dict Tertullian - *quod mere bonum est non permittitur, sed vltrò licet, quale enim bonum intelligendum est quod dicitur melius pœna?*

Ce qui sert à demonstrer qu'en telles causes qui ne sont que de pure indulgence ne faut pas encores, comme disoit Caton dans Tite Liue, relascher la bride *animali impotenti & indomito*, pource que selõ l'aduis de Seneque à ce sexe-*id facere laus est quod decet, nõ quod licet.* Et supposé que les loix le permettét, *Tu-ne quod crudelissimum habent iura statim occupas?* c'est donc ce qui requiert d'y apporter toutes les precautions requises, & voir si la femme a vne plaincte si iuste que pour icelle se doiue dissoudre vn tel sacrement.

L'appellant met en fait qu'il a consommé son mariage auec sa femme, qu'il est puissant d'engendrer, qu'il a l'arrection, l'intromission & eiaculation, bref qu'il a defloré l'inthimee, côme apres plufieurs feintes elle en eft demeuree d'accord, ils n'ont habité que deux ans enfemble ou enuiron, Le στέργειν ou amitié coniuga-le vient, dit Plutarque, ἀπὸ τῦ στέργειν de la longue demeure des conioincts, neãtmoins fa femme, fans fevice & mauuais traictement, fe feroit retiree d'auec luy, eft-ce là-*bonum fidei*, *bonúmque facramenti*, qu'il efperoit d'elle, comme elle efperoit de luy-*bonum prolis?*

Le deuoir des mariez eft reciproque, & puis que le chapitre *laudabilem* ë prefcript vn efpace de trois ans, à caufe de la vertu du nombre ternaire, pour defcouurir par la femme la puiffance ou impuiffance de fon mary, pourquoy eft-ce que ladite inthimee a preuenu ce temps, & n'a eu la patience de l'attendre ? Car mefmes Columelle dit qu'il faut quatre ans pour efprouuer la fertilité ou fterilité d'vne vigne *eft enim fui iuris natura, nec femper ad lubitum refpondet, imò dilata fœcunditas quandoque pleniores fructus reddit:* qu'ainfi ne foit, combien void-on de perfonnes qui apres auoir efté longuement mariees fans auoir enfans, en fin en auroient eu grande multitude?

L'appellant donc propose à l'inthimee pour fin de non receuoir - *Nimium prope-ras & adhuc tua meſsis in herba eſt. Non eſt hoc tempus actionis iſtius*, faut que les trois ans ſeſcoulent.

-- *Multa ferūt anni venïetes cōmoda ſecum,* peut eſtre que le ternaire accomply rendra feconde celle-là qui ſe ſouſtrayant de ſon mary empefche elle mefme. - *Ne poſsit parere, & partu retinere maritum.*

Et d'inſiſter par elle que ceſte patience triennale feroit fruſtratoire, puis que ledit ſieur appellant n'ayant point de teſticules apparens, donne vn preiugé contre luy qu'il ſoit impuiſſant à la generation.

-- *clamet melicerta periſſe, frontem de rebus.*

Car il a eſté monſtré cy deſſus que tel preiugé eſt du tout fallacieux, d'autant que l'homme qui n'a point de teſticules apparens, les peut auoir au dedans ſelon l'opinion d'Ariſtote ſuiuie des Medecins, & d'abondant qu'vn ſpadon non chaſtré ne exſequé peut arriger, intromettre & eiaculer, bref faire toutes fonctions genitales ſans l'aide des teſticules, qui n'y ſont que fort peu ou point neceſ-faires.

Confideré d'ailleurs que ledit Sieur appellant a d'autres tefmoins fort apparens de fa virilité, comme la voix forte, la barbe efpaiffe, & le poil frequent aux parties inferieures, tous fignes de virilité parfaite, & de faculté generatiue, felon Ariftote *lib.* 3. de l'hiftoire des Animaux, chap.11.*lib.*5. *cap.* 7. & au quatriefme de fes Problefmes *quæft.*32.*& tot.feq.*

Tellement que toutes ces circonftances concurrentes, c'eftoit affez de motif aux Iuges pour ordonner le congrez auquel ledit appellant s'offroit, puis qu'il fouftenoit auoir eu la compagnie charnelle de fadite femme, & qu'en ce cas *ftandum eft verbo viri, qui dicit fe vxorem cognouiffe cap. continebatur de defponfat. impub.* attendu que l'homme eft chef de la femme, & doit emporter cette prerogatiue fur elle, ioint qu'il a la prefumption legale pour luy, qu'il ait cogneu fon efpoufe *gloſ.cap. infpicimus de regul.in 6.cap.literas ë. de prefumpt.* pource que felon le dire de Plutarque, Nature n'a point faict l'homme imparfaict, ains iceluy reueftu de toutes fes parties neceffaires.

Du moins pour repouffer cefte pre-

fomption, faut-il que les obftetrices ou
fages femmes depofent le contraire, &
que par l'infpection des parties fecrettes
de la femme, ils l'ayent trouuee vierge:
cap.propofuit.ē.de probat. Or tant f'en faut
que cela fe die au procés, qu'au contraire
l'intimee auroit recogneu apres plufieurs
feintes, auoir efté defloree par fon mary,
& fur ce qu'elle auroit voulu fuppofer,
que ce n'eftoit par effort viril, dont l'infpection euft peu iuger, elle ne l'auroit
voulu confentir, ny les Iuges l'ordonner,
quelque inftante requefte que ledit fieur
appellant en ait peu faire.

Tellement que la prefumptiõ demeure pour luy, qu'il l'ait cõgnuë & que puis
qu'il a efté lors en poffeffion de virilité il
le foit encores par l'argument de la loy
fiue poffidetis. C. de probat. confequemment
qu'au pis aller le congrez auquel il s'offre ne luy peut eftre denié.

Et ne fait rien au contraire ce que fa
femme, reueftant trop tard la pudeur en
lieu où elle n'eft plus neceffaire, obiecte
que la vifite de fes parties fecrettes & ledit congrez luy feroit à honte, car force
luy eft de la boire puis qu'elle eft caufe du
mal.   G iij

Quàm bene difpofitum terris vt dignus iniqui
Fructus confilij, primis authoribus inftet.

Adioufté qu'en tel cas la vifite eft ordinaire , & partant ne peut on dire qu'il y
ait dol à requerir , ce qui eft de l'vfance
du droict commun: Car nous apprenons
de S. Cyprian en fes Epiftres de S. Auguftin & S. Ambroife, qu'en matiere de de-
floration de vierges, on a toufiours eu recours à l'infpection , mefmes qu'il nous
eft rapporté par Clement Alex. *7. ftrom.*
& par Suidas *in verbo Iefus*, que la vierge
Marie l'a fouffrit, ayant efté ordóné par
le Synedrion du grand Preftre & Sacrifi-
cateurs qu'elle feroit vifitee pour fçauoir
fi elle eftoit demeuree vierge, & fi noftre
Seigneur qu'ils vouloiét coopter en leur
ordre, feroit immatriculé dans leurs re-
giftres en qualité de fils de Iofeph, ou de
fils du Dieu viuant & d'vne vierge mere,
Chaffanee en recite le difcours tout du
long. 4. partie *Catalogi gloria mundi, dift. 6.*

Et bien que les liures canoniques de
l'Efcriture Saincte ne nous facent mention de cefte hiftoire, (pourcę paraduan-
ture qu'elle ne touche en rien le poinct
de noftre falut) Si eft-ce que ce qu'efcrit

S. Ambroife fur S. Luc en ces mots *maluit Chriftus aliquem de fuo ortu quàm de matris pudicitia dubitare* ne deroge du tout foy à cefte tradition.

A l'efgard du congres que ladicte Dame fe dit reietter par pudeur.

Ah fi concubitum locus exigit, omnibus illum Delicijs imple & fit procul inde pudor.

Car le Duel eft bien deffendu par les Edits, pour rõpre la vengeãce des armes offenfiues, mais nõ celuy d'entre le mari & la féme, dõt l'aigre-doux effort ne tend qu'à les reintegrer en paix & bon amour. Tant y a qu'au cas de prefent *bellum iuftum*, comme difoit Tite-Liue, *quia necefarium*, & la neceffité réd licite ce qui autrement feroit de foy illicite *l. fi quis id. §. doli. ff. de iurifdict. omnium indict. l. furti. §. qui iuffu. ff. de ijs qui not. infam. l. fi quis quafi. ff. ad Syllan. l. qui autem. §. apud Labeonem. ff. quæ in fraud. credit. gloff. l. ait verf. imputandum de minoribus.*

Ioint que comme le difcourt elegamment S. Auguftin au liure 14. de la cité de Dieu chapitre. 18. 19. 20. 21. 22. 23. & feq. le congrez n'a rien naturellement en foy de deshonnefte, il ny a que le peché

de nos premiers peres qui le rende tel *&*
ita sic geritur quod decet ex naturâ vt etiam
quod pudet comitetur ex pœna.

Mais tant y a que *sacra hæc aliter non con-*
stant, & puis que la preuue ne s'en peut a-
uoir autrement, force est de s'en seruir,
notamment en vn iugement de dernier
ressort, & par iuges qui iugent selon la
plenitude de la puissance Apostolique à
eux commise *-quæ summi sentit fastigia*
iuris.

Et combien que l'on vueille dire telle
preuue estre fallacieuse, d'autant que selon le dire du mesme S. Augustin *-cap.16.*
lib.14. de ciuitate Dei, propter pœnam peccati
aliquando libido hiantem destituit, & cum in
animo concupiscentia ferueat friget in corpore.

Si faut-il recognoistre que la gehéne
& torture est vne preuue plusfallacieuse,
d'autant que selon le dire de Quintilian
-ea pars corporis interrogatur quæ dolore non a-
nimo respondet : toutesfois au desespoir de
tirer la verité d'ailleurs on y a recours,
d'autant que le iuge ne doit rien obmet-
tre de ce qu'il pourra estimer luy estre
loysible pour descouurir la verité.

De là sont venues ces preuues vulgai-
res

res canoniques & extra-ordinaires par
la troisiesme , septiesme & douziesme
main de gens assermentez, par l'eauë, par
le feu, par le fer ardãt, par la Croix & par
la Saincte Hostie, Dont parlent *Aimonius
lib. 4. cap. 26.* les Loix Lombardes, *ti. quo-
modo quis se deffendere debeat* , les Neapoli-
taines, *de constit. parilib.* Gregoire de Tours
lib. 2. cap. 10. Gratian *tota causa. 15. quæst. 5.
can. qui presbyterum 17. quæst. 4. cap. ex literis de
excess. prælat. cap. ex tuarum de purg. can.*

Comme aussi ne doit il sembler ab-
surde que les faicts extraordinaires reçoi-
uent de pareilles preuues, en defaut d'or-
dinaires. Autrement que vouloir dire entre les Iuifs l'eau probatrice pour l'adultere non aueré, entre les Allemans l'espreuue des enfans legitimes par le nage
du Rhin, En Perse le foïer de probation
de la virginité des filles, sur lequel mon-
ta Chariclee? Et en Arcadie à mesme fin
le breuuage du sang d'vn Taureau sacri-
fié en defaut d'autre preuue?

Ou pour mieux parler, le congrez est la
preuue ordinaire & plus certaine qui se
puisse practiquer en telles matieres de
procés d'impuissance, tesmoin Lucian

H

en son Eunuque. *Nec inimicum videri debet probationis genus quod solum est* disoit Quintiliā en sa declamatiō 7. Du moins les officialitez de France l'ont receu, & la Cour l'auroit authorisé par plusieurs arrests, notamment celuy du 20. Ianuier, 1597. donné contre vn qui argué du default de testicules ne s'y vouloit soubsmettre.

Car puis qu'il va du peril de conscience en telles ruptures ȣ μόνον τῆς ὀργῆς ἀλλὰ ϗ τῆς συνειδήσεως pour ceste cause y faut-il apporter plus de pre-caution, dict la glose du chap. f. ē *de frigid. & malefic.* attendu qu'en confirmant le mariage à quelque prix que ce soit on ne sçauroit faillir, venant à le dissouldre, le scandale ne peut qu'il ne soit grand pour ceux

> ---*Hoc quicunque sacrum violarint vulnere foedus*

Or toute la plus seure pre-cautiō qu'on y puisse apporter est d'en venir à l'espreuue actuelle: *Nec enim de veritate dubitari potest, quoties cum incertis experimenta conueniunt, æquumque est non semper auribus sed & oculis credere,* specialement quand nous y

ſommes portez pour vn bien de paix qui
ſert plus à excuſer vne couple licite, bien
que faite à l'ouuert, que toutes les hon-
tes clandeſtines ne ſçauroient pallier vn
diuorce illicite.

Autrement ſeroit-ce choſe abſurde
que pour la verification d'vn adultere on
admiſt la preuue de celui qui diroit auoir
veu ἄρθρα ἐν ἄρθροις, que pour euiter à la
ſuppoſition du Part, les loix ciuiles per-
miſſent l'inſpectiõ du couuert de la femme , & que pour iuſtifier de la validité
d'vn mariage (qui eſt choſe beaucoup
plus importante) on euſt à contre-cœur
de voir *impactum Thyrſum horto in cupidinis.*

Car d'obiecter que la femme n'eſt tenue d'admettre le congrez de celuy duquel elle ſe dit auoir eſprouué - *madido
putrique ſimillima loro.*

Inquina, nec laſſa ſtare coacta manu.

C'eſt mettre en auant vne calomnie
ſans vouloir ſouffrir qu'elle ſoit conuain-
cue διάπυρα τοι βροτῶν ἔλεγχος.

Auſſi d'inſiſter que ledit congrez eſt
fruſtratoire de la part de celuy qui con-
feſſe n'auoir aucuns teſticules apparens,
c'eſt à faire à ceux qui ſelõ le dire de Pau-

ſanias en ſes Phocaiques n'ont iamais en leur vie rien veu ne creu qui ſurpaſſe le commun eſtabliſſement des loix de la nature. Combien que l'aage de noz peres & le preſent encores porte des hommes mariez de pareille habitude que l'appellant, qui neantmoins viuent en bon meſnage, & ont nombre d'enfans.

A u pis aller, ſi l'exemple en eſt ſi rare qu'il ne ſe trouue expreſſément deciſ ne par les liures des Medecins, Theologiens, Iuriſconſultes, Canoniſtes ou Philoſophes, il n'eſt pas vraiſemblable qu'vn Iuge diſcret & aduiſé ſ'en vueille faire à croire, ains ſe propoſe de l'approfondir d'autant plus meurement que la nouueauté du cas ſemble le meriter. Veu meſmes qu'il n'y a nul peril en l'eſpreuue, attendu que l'inthimee par ſon expreſſe confeſſion a dés long temps ſouffert que l'appellant fiſt ouuerture de l'Hymenee d'icelle, *Deo ſubigo deæ que pertundæ.*

Et ce qui vous doit dauantage eſmouuoir à ordonner ledit congrés, eſt, que ſelon le dire de Plutarque, n'y a ſi grande noiſe entre mary & femme qui ne ſe rappaiſe par le lict, c'eſt le moyen de faire rapprocher deux cœurs alienez, de les renouer, de les reioindre & remettre à leur premier deuoir.

Vt penè extinctum cinerem si sulphure tangas
Flamma redardescet quæ modò nulla fuit.

A ce propos l'appellant pourroit s'esté-dre sur le champ de la philosophie morale, & monstrer comme le mariage entre les payens mesmes a esté sacre-sainct en son entretien, qu'en la Beoce on bruloit le chariot auquel la nouuelle espousee auoit esté conduitte en la maison de son mary, pour demonstrer qu'elle ne le deuoit iamais abandonner, comme à Rome on mespartissoit les cheueux de la nouuelle espousee auec la haste Celibare, pour demonstrer que comme elle auoit esté ioincte à la peau du Gladiateur, ainsi deuoit l'espousee perpetuellement adherer au corps de son mary.

Seulement le Sieur appellant par vn regret du mal-heur de ce siecle auquel les femmes soubs legers pretextes se diuorcent & soubstrayent ordinairement d'auec leurs maris, vous representera ceste pleinte de Tertullian *Vbi est illa felicitas matrimoniorum quæ per sexcentos ferme annos*

nulla repudium domus scripsit? at nunc in fœmi-
nis præ auro nullum est leue membrum, præ vino
nullum est liberum osculum, repudium vero
quasi votum est, & matrimonij fructus.

Chose de tref-pernicieuse confe-
quence, tant pour le public que par-
ticulier, & à laquelle par voftre difcre-
tion vous fçaurez trop mieux donner ordre, de peur que l'iffue n'en retombe au
fcandale de l'Eglife & au mefpris de ce
Sacrement ineffable par qui tout l'Vni-
uers de fiecle en fiecle fubfifte en fon en-
tier, & durera tant que les Iuges fe pro-
poferont deuant les yeux à telles occur-
rences, qu'il ne leur appartiét de diffou-
dre vn lien que Dieu a conioinct auec
tant de folemnitez & benedictions.

Partant conclura ledit Sieur appellant
auec ces vers du tragique Senecque.

Amor iugalis vincit ac flectit retrò,
Remeemus illuc vnde non decuit priùs
Abire, fed nunc cafta repetatur fides,
Nam fera nunquã eft ad bonos mores via,
Quam pœnitet peccaffe, penæ eft innocens.

www.ingramcontent.com/pod-product-compliance
Lightning Source LLC
LaVergne TN
LVHW021142200726
843510LV00001B/213